Cómo mejorar los textos de sus anuncios

Rafael Jiménez Cabral

INTRODUCCIÓN 4

CAPÍTULO UNO. ESCRIBIR UNA PÁGINA DE VENTAS EFECTIVA 7

EL ENCABEZADO 8
LA APERTURA 10
HONESTIDAD Y AUTORIDAD 12
INSPIRAR CON BENEFICIOS 14
INFORMAR CON CARACTERISITCAS 16
UNA BONIFICACIÓN 18
ES UN GRAN NEGOCIO 21
PREGUNTE POR LA VENTA Y ANOTE LA ORDEN DE COMPRA 23
LA LEY DE CIERRE 25
FORMATO PARA EL ÉXITO 27

CAPÍTULO DOS. EL PODER DE LAS PALABRAS 30

CAPÍTULO TRES. CORRECCIÓN DE REDACCIÓN PARA LA OPTIMIZACIÓN DE LOS MOTORES DE BÚSQUEDA (SEO) 38

¿QUÉ ES LA REDACCIÓN SEO? 42

CAPÍTULO 4. CUESTIONES QUE DEBE TENER EN CUENTA 46

HACERSE UN MEJOR REDACTOR 48

CAPÍTULO CINCO. SELECCIONAR LA REDACCIÓN CORRECTA 52

ELECCIÓN DE UN REDACTOR INFLUYENTE 54

CAPÍTULO SEIS. NECESIDADES EXITOSAS EN UNA REDACCIÓN 58

TITULARES QUE HARÁN O ROMPERÁN SU REDACCIÓN .. 60

CAPÍTULO SIETE. CONOCER LA LONGITUD CORRECTA DE UN TEXTO DE VENTAS 64

CAPÍTULO 8. LOS FUNDAMENTOS DE LA REDACCIÓN PERFECTA 69

CONCLUSIÓN 72

INTRODUCCIÓN

La redacción publicitaria es una técnica exclusiva que le permite promocionar y dar a conocer cosas tales como productos, eventos especiales, individuos o empresas. La redacción publicitaria se considera uno de los elementos más importantes de cualquier estrategia de marketing.

Debe considerarse como la herramienta para ayudar a su empresa a promocionarse. Sus clientes o clientes antiguos están familiarizados con la calidad de los productos y servicios que ofrece y la consistencia de su negocio. Sin embargo, la mayoría de las personas encuentran o "descubren" su empresa por los términos de búsqueda o palabras clave que ingresan en los motores de búsqueda más populares mientras navegan por la red.

Saber cómo mantener a sus visitantes es algo fundamental y la redacción de un buen texto con gancho es un arma que debe saber utilizar.

¿Cómo se realiza la redacción?

Independientemente de la compañía que tenga o a la que pertenezca, la diversidad de los productos y de servicios que brinde, esta debe estar sujeta a varias reglas importantes.

A pesar de que la redacción de textos publicitarios ha cambiado durante los últimos años debido al amplio uso de Internet, algunas reglas fundamentales aún se aplican.

Tan simple como podría parecer la redacción publicitaria, debería comprender varios elementos vitales. En primer lugar, debe tener un título intrigante y atractivo que atraiga a su visitante a explorar más abajo en la página.

Debe contener subtítulos donde las características principales del encabezado se amplíen. La parte más importante de un texto de ventas es definitivamente el cuerpo que cuenta los puntos principales de su discurso. Debe ser fácil de leer, lógicamente estructurado y coherente.

El contenido ideal de redacción debe resaltar los beneficios del producto, su singularidad y los motivos claros por los que sus visitantes deben comprarlo. Uno debe recordar que hay muchas otras personas, empresas y sitios web, que pueden vender productos y servicios idénticos a los suyos. Convencerlos de que el suyo es mejor es el objetivo de su texto.

Para tener éxito, debe destacarte de la multitud.

Esta técnica debería aplicarse tanto en la redacción de textos publicitarios fuera de línea como en línea, y si la técnica se lleva a cabo profesionalmente, esto genera un aumento del tráfico en su sitio web. Al escribir un texto de ventas recuerde que uno de los elementos más importantes del contenido es la **persuasión**.

Se debe convencer a los visitantes de que realicen las acciones necesarias para realizar la compra en su lugar en vez de en la de su competidor.

Si los principios de persuasión, acción, deseo y motivación se aplican en su redacción, uno puede estar seguro de que traerá resultados positivos.

CAPÍTULO UNO. ESCRIBIR UNA PÁGINA DE VENTAS EFECTIVA

Ya sabe que la página de ventas es Su mayor recurso de marketing en Internet. Es donde los visitantes aterrizan para obtener más información sobre su producto, tomar su decisión de compra y luego realizar su compra de inmediato si lo que ven les gusta. Suena bastante fácil, ¿verdad? Pues lo cierto es que puede ser así sí sabe cómo hacerlo.

Puede construir una página de ventas efectiva si conoce lo siguiente:

Qué elementos incluir

En qué orden incluirlos

Cómo formatearlos para lograr un impacto máximo

Puede hacer una simple búsqueda en Google y encontrar a todo tipo de personas ofreciendo sus consejos y sugerencias para crear una página de ventas de alta calidad.

Si tuviera que revisar toda la información de sus productos, leer todos sus artículos y capturar sus principales ideas generales, probablemente se encuentre con un batiburrillo de ideas y descripciones que pueden confundirlo.

Lo que vamos a hacer aquí es tomar toda esta mezcolanza de ideas y descripciones y ponerle un cierto orden. Es posible que pueda discutir con los nombres y títulos que le damos a ciertos elementos, pero indudablemente no podrá discutir con la efectividad y exactitud de lo que se presenta aquí.

Si está leyendo este libro, ya está en el buen camino para crear una poderosa página de ventas que genere grandes resultados y ganancias. ¿Por qué? Porque a partir de ahora estará armado con la valiosa información necesaria para lograr ese tipo de éxito.

¡Empecemos!

EL ENCABEZADO

Piense en la última vez que leyó un periódico, una revista o algún otro medio impreso. ¿Cómo decide qué artículos leer y qué artículos omitir? Sin, tener en cuenta los interese personales que puedan llevarle a buscar un determinado tipo de información, lo que primero llama su atención es el encabezado.

Si el titular no lo atrapa de inmediato, despertando su interés y curiosidad, entonces probablemente continuará sin revisar el resto del artículo.

El mismo concepto es válido para su página de ventas: un gran titular es absolutamente vital para lograr que los visitantes se queden y sigan leyendo.

Los periódicos a menudo usan un titular principal y un subtítulo para aumentar la probabilidad de que se detenga a leer un artículo completo. Sin embargo, en una página de ventas por Internet, debe usar tres titulares diferentes. Ahora explicaremos la razón:

Un primer título: Este es el primer titular que lee el visitante, y debe estar ubicado en la parte superior de la página de ventas. No es necesario que sea de gran tamaño o muy largo. Sin embargo, lo que sí necesita hacer es captar la atención de los usuarios específicos a los que se dirige. De igual manera, este debe ser escrito con un estilo si su principal público está formado por adolescentes o de una manera completamente diferente si sus principales clientes potenciales son personas mayores. Su forma de expresarse debe adaptarse a su público.

El encabezado principal: Este es el título más importante de toda la página porque es la descripción más grande, llamativa y concisa del mayor beneficio de su producto para el cliente potencial. Tiene que saltar literalmente de la página al lector, estar en un tamaño que sea demasiado grande para ignorarlo. Lo más importante, sin embargo, es la reacción emocional que este titular crea en sus mentes. Si puede capturarlos emocionalmente, entonces está en camino de transformar a sus clientes potenciales en ventas.

El segundo título: Muchas páginas de ventas no usan este tercer título y eso es un gran error. ¿Por qué? Porque este tipo de encabezado sirve para reforzar el mensaje que se transmite en el titular principal y aclara para el cliente potencial qué beneficio o ventaja pueden obtener al realizar una compra en su sitio.

Uno de los mayores errores cuando se trata de estos titulares es usar demasiadas palabras y hacerlo demasiado largo. Recuerde, unas pocas palabras realmente poderosas serán exponencialmente más efectivas para usted que muchas palabras entrelazadas en una explicación larga y prolongada que pueda incluso llevar a confusión a los usuarios.

LA APERTURA

¿Le suena la palabra dramaturgo? Un dramaturgo es un escritor especializado en textos literarios compuestos para ser representados en obras de teatro. Los dramaturgos utilizan el acto de apertura de sus obras para presentar a su audiencia el concepto básico de su historia, trayendo el entorno, los personajes y demás elementos de una manera que atrapa las emociones y la atención de la audiencia. Es una parte vital de la obra porque sin ella, la audiencia se perdería rápidamente y no tendrían idea de quiénes son los personajes y qué están haciendo allí.

El acto de apertura de una página de ventas por Internet es igual de vital. Esta es la sección que aparece justo después de los titulares y se utiliza para presentar los detalles de su producto o servicio. El objetivo aquí es el mismo que en una jugada; captar el interés del candidato con un control feroz y helado sobre sus emociones. Esto es realmente importante por lo que merece ser enfatizado de nuevo:

El acto de apertura debe captar el interés del candidato en un nivel que sea muy emocional y debe aferrarse a ese interés cumplidamente.

Uno de los errores más comunes que vemos en las páginas de ventas en Internet es cuando las personas comienzan a vender sus productos o servicios demasiado pronto. Mientras que, por supuesto, quiere vender sus productos, si lo hace demasiado pronto o demasiado rápido, es probable que obtenga el efecto contrario de lo que desea.

Es por eso que el acto de apertura es muy significativo. Cuando captura los intereses emocionales del cliente potencial, de repente está mucho más interesado en el resto de la página de ventas porque siente una conexión "personal" con usted. Apelar a sus emociones, es una poderosa táctica de ventas.

Pero, ¿cómo puede captar a sus clientes de una manera emocional y con un alto nivel de intensidad? Eche un vistazo a estas técnicas comprobadas:

Enfatice los beneficios que los clientes potenciales disfrutarán una vez que tengan en sus manos su producto o servicio

Enfatice las formas positivas en que su vida cambiará y mejorará una vez que tengan en sus manos su producto o servicio

Enfatice los sentimientos positivos que experimentarán una vez que tengan en sus manos su producto o servicio

Enfatice en lo que tendrán más (tiempo, energía, dinero, éxito, etc.) una vez que tengan en sus manos su producto o servicio

Enfatice en lo que tendrán menos (estrés, dificultad, deudas, luchas, ansiedad, etc.)

No es necesario entrar en gran detalle sobre cada una de estas cosas durante el acto de apertura; esto es solo una introducción: los detalles completos se analizarán más adelante en la página de ventas.

HONESTIDAD Y AUTORIDAD

Todo el mundo que pasa tiempo en Internet es consciente de la gran cantidad de estafas, fraudes y otras actividades sórdidas que existen y sus clientes no son la excepción.

Ya ha superado su escepticismo inicial porque están mirando su página de ventas, pero ahora tiene que llevar a cabo un poco de trabajo extra para convencerlos de que abandonen cualquier duda o preocupación que pudiera quedar.

Establecer su honestidad y autoridad con el cliente les facilita pasar de visitante interesado a cliente satisfecho. Los tiempos son difíciles hoy en día, por lo que conseguir que los usuarios gasten su dinero, cada vez más escaso, requiere que sea aún más creativo y auténtico al demostrar su credibilidad y confiabilidad.

¿Cómo puede hacer esto? La mejor manera de hacerlo es mostrar que desea dar a conocer su honestidad y autoridad tanto temprano como a menudo. No entierre esta información en lo más profundo de la página de ventas donde los clientes potenciales realmente tienen que buscar mucho para encontrarla. Si lo hace, nunca lo encontrarán porque dejarán de leer hace mucho tiempo.

Estas son algunas formas efectivas de hacer esto:

Hable de resultados específicos, no solo de generalidades

Use números reales para describir un beneficio o una actividad, no solo estimaciones

Use testimonios que nombren las características o beneficios clave que desea enfatizar; estos son más efectivos cuando incluye el nombre completo de la persona cuyas experiencias describe el testimonio

Asegúrese de mencionar cualquier certificación, credencial, experiencia o experiencia especial asociada con su producto

Resalte comentarios positivos, citas y menciones de su producto de fuentes externas confiables

Siempre, siempre incluya una dirección de contacto real completa con dirección, correo electrónico y número de teléfono; esto tranquiliza a los prospectos de que usted es de hecho una persona real y no solo otro estafador en la Web

Desafortunadamente, la honestidad verdadera, la integridad y el conocimiento autorizado son bastante raros en la Internet de hoy.

Por cada persona que se centra en hacer de sus esfuerzos un negocio legítimo, hay docenas (o más) de personas enfocadas en encontrar formas nuevas y creativas de estafar a usuarios desprevenidos con su tiempo y dinero.

Cuando se establece firmemente como alguien honesto y autoritario con respecto a su producto (comenzando desde el principio de la página de ventas y continuando a lo largo de la misma), aumenta drásticamente sus posibles resultados.

INSPIRAR CON BENEFICIOS

Sus clientes no van a caer ellos mismos para hacer una compra solo porque tiene un gran producto o servicio. Esto sería lo ideal pero la realidad nos dice que no es lo que suele ocurrir.

No, lo que debe hacer es capturar sus emociones e inspirarlos a actuar describiendo y enfatizando los beneficios más interesantes y positivos que disfrutarán después de comprar su producto o servicio.

Los beneficios son bastante diferentes de las características; una característica es algún atributo o función de un producto o servicio, mientras que un beneficio es alguna ventaja, la ayuda que resulta de poseer y usar el producto o servicio. La clave para presentar los beneficios exitosamente es identificar cuáles son los más importantes para sus clientes específicos y luego enfatizarlos desde la más alta prioridad hasta la más baja.

Las investigaciones nos dicen que las personas que leen páginas de ventas por Internet hacen mucho más escaneo que lectura, por lo que, si desea captar la atención y comunicar claramente los beneficios de su producto o servicio, debe presentarlos en formato de viñeta. Por ejemplo, digamos que quiero que sepa que mi producto tiene muchos beneficios, como ser fácil de usar, aumentar tu vocabulario y mejorar sus habilidades de escritura.

¿Puede encontrar rápida y fácilmente los beneficios del producto escritos en el párrafo anterior? No claro que no. Ahora intentémoslo de una manera mejor y más efectiva.

Mi producto tiene muchos beneficios, como:

Es fácil de usar

Aumentará su vocabulario en al menos un 15%

Mejorará sus habilidades de escritura al menos una calificación

¿Ve la diferencia? Los puntos clave hacen que cada beneficio se destaque más claramente para los lectores, por lo que es más fácil captar su atención y aprovechar sus emociones.

No tenga miedo de incluir una larga lista de beneficios como parte de su página de ventas; piense en todas y cada una de las cosas que pueda, hasta el resultado positivo más pequeño que pueda imaginar. Una vez que tenga su lista, coloque los beneficios en orden de prioridad con prioridad más alta primero. De esta forma, sus posibles clientes leerán los beneficios más poderosos primero y también tendrán un tiempo fácil para ojear toda la lista sin tomar demasiado tiempo o esfuerzo.

INFORMAR CON CARACTERISITCAS

Piense en la última vez que fue a comprar una televisión. Probablemente examinó varios factores diferentes al comparar diferentes modelos; lo más importante, las características específicas que ofrece cada modelo. Los elementos tales como la cantidad de entradas, el tipo de pantalla y el modelo son ejemplos de características importantes que examinó y consideró.

Lo mismo es cierto para su producto o servicio; debe incluir información sobre las características (y, en ocasiones, las especificaciones) que se ofrecen para que el cliente potencial sepa exactamente qué obtiene al realizar una compra.

Cuando se comunican bien las características, sus clientes potenciales obtienen el tipo de detalles que necesitan para tomar una decisión de compra. Es por eso que debe ser lo más preciso y minucioso posible. Obtendrá dos ventajas al hacer esto:

1. Aumentará la tasa de conversión de clientes potenciales a clientes de pago porque su página de ventas proporcionará la información detallada y necesaria para demostrar el valor de su producto y atraer al cliente a realizar una compra.

2. Recibirá menos reclamos y / o solicitudes de reembolso porque los clientes sabrán de antemano lo que obtendrán y no habrá sorpresas desagradables para ellos.

En la mayoría de los casos, querrá enumerar las características en el mismo formato básico (viñetas) que los beneficios de los que hablamos en la última sección, pero con algunos cambios menores.

Debido a que las características representan los detalles de su producto o servicio, necesitará usar más texto para describir todo claramente. Es posible que necesite utilizar sub-listas para mostrar toda la información sin tener que escribir demasiado y ser difícil de leer.

Otro enfoque que puede ser muy efectivo es combinar las principales características y beneficios para que se vean así:

Característica 1:

Beneficio de esta característica

Característica 2:

Beneficio de esta característica

Esto es más un problema de diseño y formato, que discutiremos un poco más adelante en este informe.

UNA BONIFICACIÓN

A todo el mundo le gusta pensar que están obteniendo un buen trato cuando compran algo, pero exactamente lo que va en un buen negocio puede variar mucho dependiendo del producto, servicio y situación. Esta es la realidad.

Sin embargo, en la mayoría de los casos, la mejor manera de aumentar el valor de algo para que los clientes potenciales lo vean como un buen negocio es agregar algún tipo de bonificación extra.

Esta estrategia se usa en casi cualquier lugar. Por ejemplo, si contrate televisión por cable, lo más probable es que su proveedor de servicios tenga varios "paquetes" diferentes disponibles con varias combinaciones de canales y servicios; cada paquete se ofrece a un precio menor que si comprara los servicios individuales por separado.

Otro ejemplo es cuando compra un menú en su lugar favorito de comida rápida; el costo de la comida generalmente es menor que el costo de cada artículo individual comprado por separado.

El mismo enfoque funciona muy bien cuando se trata de marketing en Internet y la creación de una página de ventas por Internet. Desea que sus clientes potenciales se sientan tentados a comprar el producto o servicio principal, por lo que, para endulzar un poco el trato, ofrece un artículo de bonificación adicional. Tal vez sea un libro electrónico escrito sobre un tema similar o tal vez sea una versión de "edición especial", un póster, una copia impresa o algo similar. Sea lo que sea, cuando ofrece una bonificación adicional, hace que sea más difícil para el posible cliente alejarse sin realizar una compra.

Las mejores bonificaciones son aquellas cosas que los clientes muy probablemente estarían dispuestos a comprar por separado de su producto principal; agregar bonificaciones como estas a sus productos principales es lo que hace que su oferta parezca ser una gran oferta para ellos. Igualmente, hay que tener en cuenta que las mejores bonificaciones son aquellas que le cuestan lo menos posible. Al mantener sus costos bajos, pero todavía agregando valor para el cliente, aumenta la satisfacción del cliente y aumenta sus ganancias al mismo tiempo.

No importa cuánto (o qué tan poco) pague para tener en sus manos los artículos de bonificación, siempre incluya un valor específico para el artículo cuando lo promocione en su página de ventas. ¿Por qué? Echemos un vistazo a las siguientes frases:

¡Compre mi ebook hoy y obtenga este libro de trabajo especial gratis!

¡Compre mi ebook hoy y obtenga este libro de trabajo especial (valorado en más de 50 euros) gratis!

¿Cuál de estas es la declaración de oferta más convincente? La que tiene el valor adjunto, por supuesto. Es solo una forma más de recordarles a sus clientes que hacer una compra con usted no solo es una decisión excelente, sino que también es una excelente forma de invertir su dinero.

Un apunte. Aunque pueda ser una obviedad si entrega un producto como bonificación evite entregar algo que no merezca la pena. Si el cliente recibe un regalo defectuoso o de mala calidad su imagen puede resultar dañada y puede perder una futura compra por parte de ese cliente.

ES UN GRAN NEGOCIO

Un error común cometido en las páginas de ventas de Internet es poner mucho énfasis en el valor de cualquier artículo de bonificación sin enfatizar (o incluso mencionar) que el producto o servicio principal en sí es una gran oferta. Las bonificaciones por sí solas no convertirán a la gran mayoría de los usuarios en clientes; es el producto principal que descubrieron o que buscaron y es el valor (o la falta de valor) de ese producto lo que probablemente impulse su decisión de compra.

La idea aquí es construir en la mente del cliente cuán fantástico y valioso es el producto o servicio para ellos.

Ya ha hecho mucho de esto presionando con las características y los beneficios, pero también tiene que hacer esto presionando específicamente en el valor y el precio del producto o servicio.

Aquí puede ver un par de ejemplos para ilustrar este punto:

Compre mi libro electrónico por 25 euros y empiece a disfrutar de sus beneficios de inmediato.

Cuando compra mi libro electrónico por 25 euros, no solo obtiene toda la información que necesita, sino que también es una gran oferta. ¡Otros libros comparables se venden por hasta cien euros o incluso más!

¿Puede ver la diferencia? El segundo ejemplo es mucho más sólido porque claramente le permite al usuario saber que están obteniendo una gran oferta y un gran libro electrónico; ¡si compraran un libro electrónico similar de otra empresa, terminarían pagando mucho más dinero!

Existen otros aspectos de la venta de su producto o servicio que también ayudan al cliente a ver que están obteniendo un buen trato. Algunos ejemplos de esto incluyen:

Ofrezca una garantía de satisfacción "sin preguntas"

Promueva que está vendiendo el producto o servicio a un bajo precio introductorio

Enfatice la necesidad urgente de que el cliente actúe de inmediato debido a un plazo, un número limitado de productos disponibles o algo similar

Otra forma de comunicar que su producto o servicio es una gran oferta es ofrecer información y detalles que aborden directamente las objeciones o inquietudes más comunes que es probable que tenga su cliente potencial. Esta es una forma discreta de superar esas objeciones al mismo tiempo, ya que promueve el gran valor de su producto o servicio.

PREGUNTE POR LA VENTA Y ANOTE LA ORDEN DE COMPRA

¿Cuál es la primera cosa que cada libro o seminario de entrenamiento de ventas tiene en mente? Cerrar la venta Es tan simple como eso.

Puede poner todo tipo de tiempo y energía para convencer a un cliente potencial de que su producto o servicio es de calidad superior y mucho, pero si no termina literalmente pidiéndole que hagan una compra, entonces lo está desperdiciando. Perdiendo toneladas de posibles ventas y beneficios sentado detrás de la mesa. Piense en la última vez que fue a comprar algo, ya fuera un electrodoméstico o incluso un automóvil; ¿Cuántas veces el vendedor dijo algo en el sentido de "¿qué se necesita para llevarse este automóvil hoy?". Cada vez que esto ocurría, le daban pie a cerrar la venta.

Sin embargo, a menudo se pasa por alto lo que sucede cuando el cliente potencial dice "sí" a la venta. ¿Cómo es que empiezan a hacer realmente su pedido? Esta es una preocupación especialmente crítica en las páginas de ventas en Internet porque sus clientes potenciales no tienen el beneficio de que alguien esté sentado allí con ellos y los guíe a lo largo de todo el proceso. En cambio, tienen que comenzar el proceso y seguir los pasos por su cuenta; si encuentran una pequeña dificultad, aunque sea mínima, o una sola dirección que sea confusa, es probable que se rindan y se vayan.

Y habrá perdido una venta que probablemente se haga en otra página.

Entonces, ¿cómo puede pedir la venta y tomar el pedido? Hay muchas formas geniales de hacerlo. Veamos algunos ejemplos:

Incluya muchos enlaces de "comprar ahora" en la página de ventas y que cada uno de ellos lleve al cliente directamente a la página de pedidos

Proporcione instrucciones muy simples, claras y paso a paso para completar el proceso de pedido

Proporcionar varias opciones de pago, como tarjetas de crédito, PayPal, Google Checkout y similares; promocione estas opciones en varios lugares en la página de ventas

Suponga que el comprador nunca ha comprado algo en la Web y estructure el proceso / las direcciones en consecuencia; recuerde, ¡cuanto más simple y fácil, mejor!

La repetición es importante; repita el proceso de pedido e instrucciones varias veces y en múltiples lugares

Internet es única en su capacidad para conectarse instantáneamente con muchas decenas de miles de clientes. Sin embargo, esta misma conexión y facilidad de navegación hace que sea más probable que sus clientes potenciales cambien de opinión y accedan a otro sitio web en un abrir y cerrar de ojos si se encuentran un problema o la complicación más pequeña durante el proceso de ventas y pedidos. ¡Asegúrese de que su proceso de ventas y pedidos sea perfecto y que no tengan errores!

NOTA: Compruebe que su página funcione correctamente y que den errores los links o las imágenes. Una página con fallos no se ve profesional.

LA LEY DE CIERRE

Así como el acto de apertura de su página de ventas introdujo clientes potenciales a su producto o servicio y captó su atención en un nivel emocional, el acto de cierre también debe guiar a sus clientes potenciales y llevarlos a una venta completa.

Pasó toda la página de ventas enfatizando los beneficios, características y valor de su producto o servicio, ahora es el momento de cerrar las cosas con un resumen realmente convincente y una solicitud final para la venta.

El mejor y más efectivo enfoque es usar una táctica de tipo resumen. Revise la página de ventas y elija la información más poderosa para incluir en el resumen del acto de cierre. Pregúntese a usted mismo las siguientes preguntas:

¿Cuáles son las dos o cuatro características que tienen más probabilidades de atraer a un cliente potencial para realizar una compra?

¿Cuáles son los dos o cuatro beneficios que tienen más probabilidades de conectar emocionalmente con un cliente potencial y atraerlo para realizar una compra?

¿Cuál es el valor de este producto o servicio para el cliente potencial?

¿Qué es lo que hace que este producto o servicio sea tan bueno?

Escriba sus respuestas a estas preguntas porque son las cosas a tocar en el acto final. Si bien a algunas personas les resulta muy fácil esta parte porque solo están tomando materiales existentes y ajustándolos un poco, a la mayoría de la gente le resulta difícil porque les resulta muy difícil seleccionar solo los elementos de información que son más importantes para incluir en esta sección. La tendencia es incluir demasiado en esta sección, en lugar de enfatizar únicamente las cosas más importantes.

Recuerde también que un acto de cierre efectivo, por supuesto, incluye una solicitud efectiva al cliente potencial que le pida que realice una compra. No se trata de hacerlos sentir culpables ni de obligarlos a que le compren, sino que se trata más bien de revisar los aspectos emocionales del producto o servicio y pedirles respetuosamente que actúen.

Algunos desarrolladores de páginas de ventas en Internet tienden a prestar la mayor parte de su atención al cuerpo de la página de ventas y luego pasan por alto o ponen los esfuerzos a medias para crear el acto de cierre. Este es un error que puede terminar costándole ventas y ganancias.

Por supuesto, el cuerpo de la página de ventas merece la mayor parte de la atención, ya que es la verdadera "carne" de su marketing en Internet, pero eso no disminuye en absoluto la importancia de prestar la misma atención a la sección de cierre.

El acto de cierre es lo último que ven y leen sus clientes potenciales, de modo que haga todo lo posible para crear una última impresión favorable (y duradera).

FORMATO PARA EL ÉXITO

Las palabras e ideas que presenta en su página de ventas por Internet son importantes, pero igual de importantes son cómo se ven en la pantalla del lector. En otras palabras, la forma en que muestra su contenido tiene tanto (y tal vez incluso más) que ver con su éxito general de ventas como cualquier otro elemento que hemos discutido aquí

Formatear su página de ventas para tener éxito es una combinación de creatividad y estructura. Las mejores páginas de ventas prestan la misma atención a estos dos elementos, asegurándose de que funcionen juntos y se equilibren entre sí en combinación.

Comencemos con la creatividad. Este es el aspecto de su página de ventas que tiene que ver con ser imaginativo e interesante con aspectos tales como:

Estilo de fuente, tamaño, color

Estilos de punto

Regular, negrita, cursiva, subrayado

Alineación de página

Gráficos

Hay literalmente miles de combinaciones diferentes que podría crear combinando estas cosas de diferentes maneras. Tome, por ejemplo, su título principal. ¿Qué tipo de letra debería usar? ¿Qué tan grande debería ser? ¿De qué color debería ser? ¿Dónde debería colocarse en la página? ¿Dónde debe colocarse un gráfico, una imagen o un logotipo? Juegue con diferentes colores y combinaciones, pero no se apresure a tomar una decisión final. Proponga un par de opciones diferentes y luego déjelo a un lado por un día o dos. Cuando vuelva, le sorprenderá la perspectiva que ha adquirido y las cosas que notará sobre su página de ventas.

La estructura también es importante para una página de ventas exitosa. Una vez que haya elegido un conjunto de fuentes, colores, gráficos y similares, asegúrese de usarlos en una estructura consistente en toda la página. Por ejemplo, si decide usar la fuente Arial Bold en color azul para un encabezado de sección, entonces use esa misma combinación para todos los encabezados de sección en la página. Este tipo de consistencia le da al cliente una sensación de continuidad mientras lee y también proporciona un aviso visual o una pista de que está comenzando una nueva sección de la página.

No existe el único formato perfecto para una página de ventas por Internet. Se necesitará tiempo y esfuerzo de su parte para descubrir qué funciona mejor para su producto o servicio. Una vez que haya hecho esto, tendrá una plantilla de página de ventas en la mano que puede usar como punto de partida para muchas otras páginas de ventas por venir.

CAPÍTULO DOS. EL PODER DE LAS PALABRAS

La diferencia entre un vendedor y una persona que vende por teléfono es la capacidad del vendedor presencial de conocer físicamente al cliente potencial, medir el tono de acuerdo con una respuesta cara a cara y mediante los signos que muestra el cliente potencial.

A través de las expresiones faciales y del lenguaje corporal, un vendedor profesional sabrá inmediatamente si está transmitiendo el mensaje que quiere hacer llegar. Estos pueden observar desde el movimiento de la cabeza a una sonrisa o la apertura de los ojos en señal de agradecimiento o asombro.

A diferencia del vendedor, una persona de venta telefónica o televenta solo puede evaluar sus avances por el tono de las respuestas del cliente potencial hacía sus preguntas.

La persona de televenta tiene menos trabajo por hacer, encuentra el trabajo más fácil, ya que no debe mantener una imagen o un número concreto de gestos. Solo debe tratar de imaginar la expresión facial de sus clientes potenciales mientras habla con ellos. La conclusión final será del tono de voz expresado por las dos partes.

Por su parte, los usuarios tienen ventajas sobre los clientes de televenta y/o presenciales, ya que no pueden ser vistos ni escuchados.

La única herramienta para la venta es su habilidad. Para lograr el éxito en la obtención de un cliente potencial, la forma en que se expresa y las palabras escritas sirven como solución para un marketing fuera de línea y en línea exitoso.

Independientemente de la forma, ya sean anuncios por correo electrónico o páginas de ventas en Internet, un folleto o un anuncio en una valla publicitaria, las palabras escritas deben pasar un mensaje directamente a la mente del cliente potencial.

La única barrera para que sus palabras escritas lleguen directamente a un cliente potencial es garantizar que sus clientes potenciales lean tu mensaje.

Su "hola", "oiga usted", "escuche", es una introducción. Es su título y determinará si alguien querrá saber algo más sobre lo que tiene que decirle. Es similar a lo que mencionamos en el capítulo anterior en relación con el título de su página de ventas en Internet. Si no es capaz de atraer su atención de forma rápida los perderá.

Y no solo es importante el tono. Lo que dice también es importante: He ahí el poder de las palabras. Ya sea en una conversación telefónica, a través de un email o en una página de ventas, que cuente con bazas suficientes para expresarse con corrección, conociendo la jerga de su segmento y las formas correctas en el trato personal marcaran la diferencia.

Piense en el último vendedor que lo atendió y en la sensación que le transmitió cuando trato con él. ¿Le pareció que era una persona profesional y educada? ¿Una eminencia en su segmento? Igual no es sencillo notar algo que damos por descontado, pero si alguna vez ha tenido una mala experiencia con un vendedor seguro que aun lo que le causó malestar.

Una vez hecha la introducción, es decir nuestro saludo o título en el caso de textos escritos, necesitamos saber que decir. El cuerpo de nuestra comunicación. Debemos poder explicar con corrección lo que queremos decir, de forma clara y concisa.

Este es el momento de mostrar su talento y habilidad de comunicación. Si sabe escribir un texto con corrección sin lugar a dudas puede expresarse de igual manera. No tiene excusa para no utilizar todos sus conocimientos y oportunidades del idioma para explicar mejor y describir en detalle las características y los beneficios de su producto o servicio que tiene en oferta. El idioma tiene todos los adjetivos necesarios para que pueda expresarse, así que haga uso de ellos según corresponda.

Al crear un texto pegadizo, debe recordar la palabra "sentidos". En todas nuestras actividades cotidianas hacemos uso de ellos. La sensación de ver, oler, saborear, tocar o escuchar. Confiamos en ellos ya que representan los mecanismos de supervivencia humana, al igual que otros mamíferos también dependen de ellos.

Puede anticipar algunos tipos de respuestas que puede impulsar en el corazón de su cliente potencial para lograr el máximo contacto cuando usa palabras con sentido junto con palabras generadas emocionalmente. Es una habilidad que cada vendedor fuera de línea y en línea debe realmente entender para maximizar el beneficio de capitalización de sus palabras.

Lograr el éxito en los negocios va más allá de escribir un texto de ventas sobresaliente que lleve emoción, pero es importante reconocer su importancia. El poder secreto de las palabras nunca debe ser subestimado.

Vamos a ver un listado con todo lo que debe incluir un buen texto de ventas.

Lo primero es saber que solo debe usar las palabras justas. Hacer uso de más palabras garantiza más ventas, ya sea en una venta en línea o fuera de línea. Solo piense en su propia experiencia si alguna vez fue atendido por un comercial que trataba de alargar las conversaciones introduciendo palabras innecesarias.

Hay consejos a seguir para crear un texto de ventas exitoso que tenga la estructura precisa para mantener al lector interesado de principio a fin.

Uso de un título dominante: desde el principio, capte la atención del lector para que continúen leyendo. Esto también se puede lograr presentando los principales beneficios de su producto en una oración corta.

Use subtítulos para crear emoción: explique las ventajas de las características de su producto y genere la emoción de su lector con no más de una o dos oraciones cortas. Especifique las limitaciones de su oferta si ofrece una promoción limitada.

Enumere las ventajas de su producto: cada usuario debe tener buenas razones para comprar su producto. Piense en lo que quiere su cliente y quizás sus razones no tienen nada que ver con las características de su producto. A veces lo que busca el consumidor es una experiencia, una sensación o algo que solo concierne a él como un objetivo personal o una costumbre impuesta por un familiar.

Describa su propuesta de venta distintiva: aquí, debe mencionar su proposición de venta distintiva en dos o tres oraciones para nombrar los beneficios que diferencian su producto de todos los demás, luego hágale saber a su lector que describirá los detalles más adelante en la carta de ventas.

Establezca su credibilidad: la credibilidad es lo más importante para vender en cualquier medio, pero es fundamental en Internet. Antes de que su lector compre algo, primero tendrán que confiar en usted. Resalte tres razones por las que deberían creerle. Revele que lo que dice es correcto.

Describa los beneficios y características de su producto: describa cómo se resolverá el problema de su lector o cómo se mejorará su vida. Puede ser más convincente con todos los detalles que pueda proporcionar.

Proporcione más detalles sobre su producto: en esta etapa, aclare a su lector todo lo relacionado con su producto. Escriba hasta aburrirse y use tanto espacio como necesite.

Muestre los testimonios de sus clientes: solo necesita continuar para determinar su credibilidad. Muestre los testimonios de los clientes que ya hayan disfrutado su producto. En lugar de hacer comentarios generales, mencione lo que les gusta a sus clientes sobre su producto o algo similar. Puede hacer referencia a al menos cinco testimonios.

Deshacerse de la competencia: puede deshacerse de la competencia al revelarle a su lector la información que necesita leer y que distingue su producto. Muestre los elementos que lo hacen mejor que a sus competidores.

Construir continuamente valor: deje que sus lectores sepan continuamente que su oferta es buena al construir un valor que no puedan rechazar. Una forma es evaluar el valor de la oferta al valor normal de su producto.

Delinee un resumen de todo lo que recibirá su cliente: deje que su lector tenga conocimiento de todo lo que obtendrá de usted.

Hable sobre el precio de su producto: hable sobre el precio de venta y el precio regular de su producto. Tache el precio normal y deje que siga el precio de la oferta.

Resalta la bonificación de tus productos: si tiene algo extra para ofrecer, compártelo aquí. También es parte de agregar valor a su producto. Hágales saber o que tengan la sensación de tener que dar un paso rápido, ya que las bonificaciones solo estarán disponibles durante un breve período de tiempo.

Presente una garantía sólida: "devolver el dinero" es la garantía más sólida que puede ofrecer. Usted tiene más ventas cuando ofrece la garantía para comprar su producto sin riesgo.

Ponga énfasis en su garantía: elimine todos los aspectos básicos de riesgo al terminar su texto de ventas con algo cercano, por ejemplo:

"¿Piensa que el producto es para usted, pero aún no está seguro? Pruébelo sin ningún compromiso. Si no cumple con todas las características no dude en ponerse en contacto con nosotros y sin problema podrá devolver el producto. Tiene todo por ganar y nada que perder".

Infórmeles sobre cómo solicitar su producto: asegúrese de dar instrucciones detalladas sobre cómo su cliente potencial puede hacer su pedido. Es fundamental para cerrar la venta que el proceso sea sencillo y fácil de entender.

Agregue su firma: asegúrese de que el texto esté firmado con su nombre completo y título. No oculte esta información ya que podría despertar reacciones negativas.

Concluya con un "P.S.": resalte los puntos más relevantes de su texto en esta parte. Este debe ser tan amigable como sea posible en el diseño y el formato para que su lector tenga tiempo y quiera leer su carta. Enfatice las declaraciones más convincentes para permitir que su texto sea leída en uno o dos minutos.

CAPÍTULO TRES. CORRECCIÓN DE REDACCIÓN PARA LA OPTIMIZACIÓN DE LOS MOTORES DE BÚSQUEDA (SEO)

La mayor parte del tráfico en línea procede principalmente de los motores de búsqueda y los dos principales tipos de cosas que influyen en su posicionamiento en los diversos motores de búsqueda son las palabras clave y los enlaces a su sitio.

Sus enlaces entrantes muestran cuán significativo es su reconocimiento, mientras que sus palabras clave les permiten a los motores de búsqueda saber qué hacer. Cómo estos dos se combinan establece su importancia y estos motores de búsqueda son principalmente pertinentes después de la relevancia.

Puede obtener información sobre la forma en que puede agregar sus meta etiquetas HTML a algunas frases clave. Estas etiquetas sirven como señales de tráfico que son la forma en que son vistas por los motores de búsqueda; verificando sus etiquetas, luego verificando su carta de ventas.

El resultado de esto es que, si sus palabras clave en las etiquetas y en el texto de ventas no están alineadas, entonces su sitio no se catalogará con respecto a esas frases clave. Los motores de búsqueda también revelan la frecuencia con que se pone en juego una expresión diferente de las palabras clave en su página.

En pocas palabras, se hará visible en los resultados del motor de búsqueda cuando un cliente potencial busque utilizando esas palabras clave solo si le da más sabor a su sitio con sus palabras clave principales.

Es posible que no comprometa la legibilidad y aún escriba un texto de ventas enriquecido con palabras claves.

El grado de legibilidad de su sitio es muy importante para sus visitantes. Es el lector el que se convertirá en su cliente comprando su servicio o producto, no los motores de búsqueda.

Podrá asegurarse de que su texto de ventas concuerde con los motores de búsqueda y los visitantes siguiendo estas pautas;

- Categorización de páginas: antes de escribir, tenga un plan estructurado del sitio web y trate de tener su artículo en orden con esos beneficios clave si no ha creado el sitio web. Por ejemplo, segmente sus categorías en varias secciones.

Con esto, tendrá la oportunidad de integrar frases con palabras clave, cubriendo un mercado específico. Cierre cada página con su punto principal o beneficio.

- Estudie a sus clientes con las palabras clave que están buscando: ingrese las ofertas clave, los beneficios y los puntos reconocidos para cada página, junto con la búsqueda de algunas palabras que sus clientes normalmente utilizan cada vez que buscan en los motores de búsqueda.

- Evite usar palabras sueltas, use frases en su lugar: la razón principal es que las palabras sueltas tienen una oposición excesiva. No es aconsejable elegir la palabra "ordenadores" si usted es vendedor de ordenadores. Puede confirmar esto en Google escribiendo la palabra "ordenadores" para que comprenda el motivo. Otra razón para evitar el uso de palabras sueltas es que la investigación ha revelado que las computadoras se vuelven más específicas en su búsqueda para permitir que sean más rápidas al dar respuestas a lo que estás buscando.

Es necesario preguntar qué es distintivo con referencia a su empresa. Digamos que pone a la venta ordenadores de segunda mano, probablemente pueda usar "ordenadores baratos de segunda mano" como la expresión principal de palabras clave.

Con esto, existe la posibilidad de ser clasificado y mostrado en algunas otras búsquedas. Esto significa que una mayor parte de los visitantes de su sitio web serán principalmente aquellos que busquen ordenadores de segunda mano.

Seleccione solo las frases de palabras clave convincentes: mantenga el foco en frases clave específicas en cada página y evite incluir la palabra clave en cada página.

Intente ser específico: el equilibrio es necesario, pero si no tiene un efecto negativo en su legibilidad.

Como usted sabe, su sitio revela su superioridad y no será bueno si su sitio web es difícil de comprender, ya que las personas no podrán inferirlo.

Al usar enlaces, incluya frases de palabras clave: va a ser una idea brillante cuando conecta sus páginas colectivamente usando enlaces de texto. No se centre en tener frases de palabras clave en cada página. Con esto, los motores de búsqueda ven su sitio y páginas relacionadas.

Incluya frases de palabras clave en sus encabezados: los titulares juegan un papel muy importante en la forma en que los motores de búsqueda colocarán su sitio, al igual que la forma en que sus clientes revisarán sus encabezados.

Los motores de búsqueda y los clientes ven sus encabezados de la misma manera, así que intente incluir sus principales frases clave en sus titulares. Puede incluir encabezados adicionales para ayudar a la legibilidad de su sitio, ya que ayudará a sus clientes a leer.

Analice la densidad de palabras clave: ejecute su texto de principio a fin analizando la densidad con un comprobador de densidad para conocer el pase inicial de su texto.

El resultado mostrará un porcentaje de todas las partes importantes de la página para incluir texto, meta descripción, título, palabras clave, etc. Mayor densidad es mejor. En general, es bueno si tiene al menos 3-5% como resultado. Es posible que deba ejecutar otro pase si tiene algo menos que eso.

Recuerde siempre no exagerar, siga las pautas y obtendrá un texto útil de ventas de SEO. Sin la ayuda de un experto, no es fácil equilibrar el texto escrito para los clientes y el texto escrito para los motores de búsqueda, ya que podría ser un poco complicado.

Debería poder conseguir un redactor de SEO experto para trabajar en sus frases de palabras clave principales sin costo adicional si ya ha realizado análisis de palabras clave.

¿QUÉ ES LA REDACCIÓN SEO?

La redacción de SEO es más que solo los motores de búsqueda, como la forma en que la mayoría de las conversaciones, artículos y publicaciones se centran en temas tales como límites permisibles, densidad de palabras clave, sobre-optimización. La redacción de textos publicitarios es parte de la redacción SEO.

Lo primero a tener en cuenta es la audiencia objetivo (posibles clientes / visitantes) ya que el texto que está escribiendo es para que su lector realice una acción esperada. Su texto de ventas se clasificará con los elementos diseñados, que es lo último.

La razón principal por la que considera a su visitante humano primero cuando escribe un texto de ventas de SEO es que no servirá de nada si el texto de su sitio no logra convertir a sus visitantes en compradores con todo el tráfico que generará en el mundo.

Debido a estas repetidas charlas sin sentido, la redacción de SEO no está obteniendo un buen nombre, lo que es malo para los vendedores en Internet.

Por lo tanto, para mantener un buen nombre y reputación con los motores de búsqueda al redactar antes de que sea demasiado tarde, aquí hay algunas pautas para recordar que el

SEO es único y útil, escrito para el visitante y que suene de forma natural a medida que fluye.

Pero primero, recuerde también que el SEO no está escrito exclusivamente para los motores de búsqueda, rígido (demasiado repetitivo o forzado) y duplicado (alterado o ajustado para crear páginas nuevas simplemente cambiando las frases clave).

Algunos puntos a destacar:

Decida cómo transmitir mejor ese mensaje a su audiencia o clientes objetivo.

Comprenda quién es su público objetivo (a quién le está escribiendo).

Construya un plan que muestre el mensaje que desea transmitir.

Seleccione cuál será el foco de la página.

Seleccione qué frases clave se incorporarán al texto.

Ubique las frases clave mientras escribe para que puedan ejecutarse naturalmente con el mensaje que necesita, no después de que haya terminado de escribir.

Asegúrese de que esas frases clave funcionen bien con el texto planificado y la página.

Evite lo siguiente al escribir el texto de SEO:

Insertar una página simplemente para el motor de búsqueda.

Construir un plan basado únicamente en cómo tener un alto rango.

Reemplace cada instancia de un término genérico (automóvil) con una frase clave (rojo, automóvil convertible).

Introduzca frases clave en cualquier lugar posible.

Use fórmulas de densidad de palabras clave.

Recuerde, SEO Copywriting es un proceso de escritura exclusivamente para los usuarios y no para los motores de búsqueda, al tiempo que incluye elementos para ayudar a sus visitantes y a los motores de búsqueda a comprender de qué trata la página.

CAPÍTULO 4. CUESTIONES QUE DEBE TENER EN CUENTA

Deténgase un momento y piense en alguien vendiendo un automóvil en un concesionario. Si la apariencia de este no da buena impresión a los clientes, nadie comprará los coches. Desconfiarán del lugar y del vendedor.

Esta es la importancia de un buen escrito de ventas, pero el resultado no será el deseado ni el esperado si no se redacta correctamente, como nadie lo tomará en consideración como vendedor si no sabe expresarse con corrección y educación.

Por lo tanto, debe asegurarse de que su discurso de ventas capte el interés de sus visitantes hacia su producto o servicio. Podrá hacerlo después de que haya podido responder cinco preguntas básicas, que son:

¿Cómo se mejorará mi vida?

Es en esta etapa donde tiene que entender las súplicas emocionales que atraen a sus clientes potenciales como polillas a una llama. Posiblemente quieren ser más ricos, más guapos, más populares, más delgados, más inteligentes o están interesados en ahorrar dinero, esfuerzo o tiempo.

Aproveche sus requisitos para atraer a sus clientes después de haber investigado su nicho de mercado y encontrado qué botones emocionales presionar, ya que esto aumentará sus ventas de inmediato. Puede confirmar esto mediante guiños mientras continúan leyendo hasta el final.

¿Qué hay para mí?

La regla número uno de ventas aún sostiene que las personas solo comprarán por una razón, que es obtener los resultados de un producto (¿qué van a recibir de él?).

Debe ser rápido en captar su atención para lograr esto desde el comienzo con su título. Su título les dice a sus visitantes lo que obtendrán de una sola vez.

¿Qué pasará si digo que no?

No hay forma de decir 'no' a sus clientes, eso es básico. Recuérdeles los problemas que están teniendo, las frustraciones, la cantidad de dinero que perderán o lo tristes que estarán sus vidas, y permítales saber cómo pueden transformar todo de una vez, solo con una pequeña inversión en su producto.

¿Por qué debería confiar en usted?

Cuando les obliga a sacar sus carteras para comprar un determinado producto, las personas se muestran reacias. Sus clientes anteriores, pueden aclarar sus dudas dando testimonios positivos y enfatizando los beneficios de su producto.

¿Estaré atrapado con su producto?

Usted cierra el trato aquí diciéndoles que ofrece una garantía de satisfacción del 100% si piden el producto ahora.

Según las encuestas, el 70% de las personas que compran un producto no lo devolverán, por lo tanto, lo más importante es hacerlos comprar a menos que hayan visto algo similar antes y el resto dependa de sus elecciones o solo hayan planeado "pedirlo prestado" desde el principio.

No solo obtendrá una ventaja desigual sobre su competencia cuando refleje todos estos consejos para responder las preguntas de su producto en su texto de ventas, sino que también le informará a su cliente potencial en él que usted se preocupa por sus problemas y que tiene la clave que él necesita.

HACERSE UN MEJOR REDACTOR

La mayoría de nosotros tenemos el privilegio de tener algún nivel de educación formal sobre cómo los redactores utilizan el lenguaje para comunicar mensajes con mayor brevedad y fuerza.

Encontrará estas nueve pautas bastante prácticas al escribir su próxima página web, carta de ventas, folleto o discurso, pero evite sonar demasiado como un tutorial:

Coloque el elemento más largo al final de una serie: cuando comienza con lo fácil y avanza hacia lo complejo, es menos confuso y hace que la oración tenga un final más sobresaliente.

Evite los verbos "ser" y "estar": no escriba estos verbos ya que solo ocupan espacio y afirman que algo existe. Escribir "Una simple omisión puede cambiar de aburrida a brillante una oración" en lugar de escribir "Hay una simple omisión que puede cambiar de aburrida a brillante una oración". Del mismo modo, elija "Vamos a ejecutar el programa nuevo desde nuestra oficina en Nueva York" en lugar de "Vamos a estar ejecutando el programa nuevo desde nuestra oficina en Nueva York".

Las características son más creíbles: no use palabras como varios, aproximadamente, muchos, casi y otros modificadores, a menos que deba hacerlo por razones legales. Basado en pruebas, investigaciones, resultados, etc. Son las mejores opciones. Las especificaciones les dicen a sus lectores que usted sabe lo que su producto es capaz de hacer.

Modificar el vecino: asegúrese de que sus modificadores se apliquen honestamente a la cláusula pertinente (cláusula vecina).

¿Son sus oraciones como el conejito Energizer? Giran y giran sin parar. No tiene que usar oraciones en serpentina que nunca parecen terminar a no ser que sea necesario por motivos técnicos.

Evite el doble sentido, use verbos únicos: los verbos distintivos a menudo pueden hacer la ocupación de dos verbos semejantes. Por ejemplo: "La computadora funcionaba de manera eficiente" en lugar de "La computadora funcionaba y trabajaba sin problemas", o, "Se quedó sin gasolina" en lugar de "Se le acabó y estaba vacío".

Muestre una discrepancia en la longitud de la oración: al mismo tiempo, las oraciones pueden ser aburridas en una cuerda, por lo tanto, comience con una oración corta o al menos media, y luego pase a otra media, larga, pequeña o según lo que sea conveniente. La sensación de hablar con un robot ocurre si imagina a un individuo hablando en oraciones que son todas idénticas.

Evite exagerar lo obvio: la redundancia no es buena para la escritura clara. Frases como "totalmente terminado", "anticipar con anticipación" o "elementos esenciales vitales" comunican muy poco y vuelven locos a sus lectores.

Lo mismo es aplicable para engarzar dos o más sinónimos conjuntamente como "acciones y comportamiento" o "pensamientos e ideas" o simplemente querer reforzar una palabra con un sinónimo innecesario o hacer que los lectores se pregunten si realmente quiso decir dos cosas diferentes.

Sea suave y breve: ¿Por qué usar una frase de cuatro a cinco palabras cuando una frase de una o dos palabras funcionará bien sin perder su significado? Palabras como "desde" o "porque" pueden reemplazar afirmaciones como "en vista del hecho de que". Esto es principalmente significativo en términos económicos, especialmente si se trata de publicaciones en diarios o cuando se paga por un espacio publicitario Premium.

Siga estas sencillas reglas la próxima vez que tenga problemas al preparar un texto para vender un producto o un anuncio publicitario, o una página web, ya que le ayudarán a comunicar su mensaje más claramente y con mayor poder de venta.

CAPÍTULO CINCO. SELECCIONAR LA REDACCIÓN CORRECTA

Entonces, ¿cómo afirmar que está escogiendo al mejor escritor ya que no hay dos redactores iguales para el trabajo? Elegir a su redactor puede ser una lotería a menos que sepa qué buscar.

La verdad es que los redactores van desde los mediocres hasta los mejores. Al igual que cualquier otra profesión, hay jugadores con bajo rendimiento, jóvenes aspirantes, traficantes sin escrúpulos y grandes profesionales. ¿Quién puede decir que se mantendrá con usted con su proyecto o su producto?

Estará de acuerdo en que la exploración es la respuesta. Es mejor no decirle a la primera persona que escribirá hasta que sepa lo que desea entrevistándola. Recuerde, la curiosidad es el activo más fuerte de un redactor. El redactor es alguien que puede y debe hacer más que escribir.

Los redactores están cautivados por la naturaleza humana, queriendo saber los pormenores de cada pequeña cosa, sabiendo cómo capitalizar las inspiraciones y ser almacenados en la mente del consumidor.

Un buen redactor mirará críticamente a través de los ojos de sus clientes e investigará su mercado interiormente, lo cual es parte de su curiosidad, junto con el hecho de que puedan jugar con palabras que eventualmente los ayuden a ver su negocio bajo una luz totalmente nueva.

La curiosidad es la clave para la persuasión sea cual sea tu proyecto. Este es el primer valor a buscar en un redactor y la persuasión es la única motivación que tienen los redactores en primer lugar.

Cuando evalúe a un candidato, intente hacerse algunas de estas preguntas:

¿Quién está hablando? ¿Le están escuchando a usted o están hablando de ellos mismos?

¿Pueden escribir apasionadamente? ¿Incluso del producto más aburrido? ¿Acerca de todo? Contrátelos en el acto si le entusiasman.

¿Qué tan rápido han captado su negocio? No solo sus productos, sino también su mercado.

Los medios y la industria elegidos, ¿han trabajado en ellos antes? Si no, ¿su otro trabajo demuestra que tienen control sobre su mercado?

Sabrá que ha tomado la decisión correcta cuando haya elegido un redactor publicitario apropiado cuando comience a ofrecer sus comentarios. La crítica constructiva es una forma segura de saber quiénes son los redactores profesionales. Se dirigen en la dirección correcta y prosperan en la crítica constructiva.

Mantendrán una mente abierta y prestarán atención a cada punto de vista, pero eso no implica que se den la vuelta y acepten cualquier cambio que usted haga.

Sin embargo, debería ver un comentario como una calle de doble sentido cuando lo ofrece. Los grandes redactores pueden darse cuenta de por qué su marketing actual no está funcionando y es posible que deba dejar de lado sus ideas preconcebidas. No se rehusarán a decirle, ya que serán crueles para ser amables.

Estas pequeñas medidas deberían protegerlo contra contratar a la persona equivocada. La creatividad, por su propia naturaleza, exige ese elemento de incertidumbre, no hay garantía completa.

Debería sentirse muy cerca de como lo haría si sacara cinco números más el complementario al contratar un buen redactor. Realmente es una lotería.

ELECCIÓN DE UN REDACTOR INFLUYENTE

Debe reconocer que un buen redactor puede ayudar tanto a dirigir el tráfico a su sitio web como a mantener ese tráfico una vez que llega. Ya sabe que la redacción profesional vale su peso en oro.

¿Cómo encontrar a ese redactor?

No es algo que adquiere todas las semanas, o incluso todos los meses, a diferencia de otros suministros. Puede ser difícil saber qué buscar a diferencia de los productos y servicios con los que está familiarizado o detectar algo bueno una vez que lo haya encontrado.

Encontrar un redactor es simple una vez que sepa cómo, y como con algunas de las cosas en la vida una parte del éxito será cuestión de suerte.

¿Cuáles son los tipos que debe buscar en un servicio de redacción?

El lugar principal al que recurrirá en su búsqueda de un redactor profesional es un motor de búsqueda como Google. Si usted es como la mayoría de las personas, es una decisión acertada. En cuanto al tipo de servicio que puede esperar, es probable que el sitio web de su redactor sea la mayor pista de todas.

Tenga cuidado con lo siguiente:

Testimonios de clientes: los testimonios son uno de los engranajes de ventas más potentes que cualquier redactor competente sabrá que puede usar para crear textos que conviertan a los visitantes del sitio en compradores. No son buenos redactores si no saben esto, luego presione ese botón "atrás" que conoce rápidamente.

Es de esperar que un redactor profesional también use testimonios en su propio sitio. Busque un enlace que indique comentarios relacionados a "comentarios de clientes" o "testimonios". Pregúntese por qué, si no está allí.

Honorarios: algunos redactores prefieren proporcionar presupuestos solo bajo pedido, mientras que otros comunican sus honorarios por adelantado. Sin embargo, asegúrese de tener algo para comparar, no importa cómo el redactor elige dar a conocer sus tarifas.

Recuerde, no comprará el primer automóvil que vea. Así que tampoco debe conformarse con el primer redactor que encuentre.

No cometa el error de suponer que la cotización más baja definitivamente será el mejor valor una vez que tenga algunos presupuestos para mirar. Evite las compañías que venden artículos por solo unos pocos dólares por vez. Lo que sucede es que estas empresas tienden a emplear escritores aficionados, muchos de los cuales ni siquiera tienen un buen control del idioma.

Recuerde, si una cosa suena demasiado buena para ser verdad, probablemente no lo sea. Pregúntese si se cotizan por mucho menos, ¿por qué lo hacen?

Un portafolio: sin considerar algunos ejemplos de su trabajo, ningún redactor honesto esperará que le encargue un proyecto. Debe dedicar algo de tiempo a mirar el portafolio en el sitio web de su redactor, ya que la muestra de un redactor es su tarjeta de visita. No irán a ninguna parte sin eso.

Inmediatamente que lo haya leído, debería animarlo a realizar algún tipo de acción, ya sea que esa acción sea unirse a una lista de correo, realizar una compra o solo seguir leyendo. No vale la pena contratarlo si la cartera del redactor no lo persuade.

Lista de clientes o currículum: un redactor debe comenzar a practicar, no hay calificaciones particulares. Algunos redactores son completamente autodidactas, habiendo aprendido su oficio desde cero mientras que otros tienen títulos de inglés o periodismo. Pregunte sobre su experiencia en lugar de solicitar información sobre las calificaciones de su redactor.

¿Qué ha hecho por esos otros clientes? ¿Para quién han trabajado en el pasado? Las respuestas a estas preguntas le permitirán concluir todo lo que necesita saber sobre qué tan bien preparado está el redactor para trabajar en su proyecto.

CAPÍTULO SEIS. NECESIDADES EXITOSAS EN UNA REDACCIÓN

El contenido en su sitio web debe ser atractivo, interesante y seductor, independientemente del producto o servicio que brinde en un mundo competitivo y de rápida transformación como es el actual.

La función de crear contenido correctamente escrito es lo que la redacción web procesará para usted. Los roles de los redactores lo ayudarán a componer y estructurar un buen texto que pueda atraer la atención de varios motores de búsqueda y aumentar sus posibilidades de aumentar el tráfico a su sitio web. Pero no son suficientes para lograr el éxito. Debe prestar atención a cómo se verá el texto en su sitio web.

Es uno de los mayores errores que muchos redactores se comprometen tanto con individuos como con empresas a crear y escribir un texto de ventas que capture virtualmente a todos los clientes a la vez. Para lograr la eficiencia, su texto debe dirigirse a cada cliente personalmente y no a un grupo de personas. Debe hacerlo sentir especial y no uno más del montón.

Será una frase más débil utilizar "Nuestros servicios son asequibles para nuestros clientes" que si dice "Encontrará que nuestros servicios son asequibles".

Con esto, presta atención a la peculiaridad de que su cliente se comunique y se dirija directamente a él o ella. Una cosa segura es que a pesar de que su empresa debe proporcionar servicios a una gran cantidad de clientes; debe mantener un contacto directo y personal con cada persona. En la redacción web, saber esto es una herramienta muy útil.

La comunicación individual, simple y directa debe ser un principio que debe mantenerse ya sea que esté escribiendo para realizar redacción SEO, textos de ventas, folletos o simplemente un anuncio, si no, su contenido puede perder algo de ingenio.

Asegúrese de tener un estilo simple, fácil de leer y mantener el enfoque de la persona cuando está escribiendo en línea. Su contenido debe estar estructurado para llegar a su público objetivo. Es muy importante agregar el proceso de redacción con la investigación de marketing para que pueda conocer a su posible cliente.

Podrá diseñar y escribir contenido que vaya de la mano de sus expectativas y deseos. Evite los contenidos mal escritos como habilidades de segunda.

TITULARES QUE HARÁN O ROMPERÁN SU REDACCIÓN

"Aumente sus ganancias mensuales por 10 con esta sencilla técnica"

¿Ese titular no llamó su atención? ¿No está ansioso por saber qué podría ser esta increíble técnica gratuita?

¡La razón es el titular por sí mismo!

De la misma manera en que fue capturado por el encabezado, tiene una oportunidad para llamar la atención de sus clientes. Su cliente puede estar apagado para cuando llegue a la segunda oración si el titular no capta la atención del lector. Inmediatamente, se moverán a la oferta de su competidor.

En minutos, puede ganar dinero escribiendo titulares interesantes manteniendo en su mente estos pocos puntos. Cuando tiene un título fuerte, es poco probable que pierda a un visitante, ya que se detendrá para obtener más información. Más ventas y ganancias serán el resultado de más personas visitando su página web.

Sea siempre específico: manténgase alejado de la oposición. Use signos reales de moneda y números reales, ya que atraen la atención de los lectores. Hay varias posibilidades de que su competencia venda un producto similar a su público objetivo. Es necesario mantenerse por encima y por delante de los competidores, específicamente dejándolos saber lo que tienen que perder y obtener de usted por adelantado.

Del ejemplo que usamos arriba, agregamos el aumento esperado en ganancias, no solo escribiendo que aumenten las ganancias.
Agregando esta pequeña información, ha agregado un título genérico para tener una oferta atractiva.

Pasamos por alto miles de mensajes que encontramos a diario porque crean una cantidad de dinero no divulgada en un plazo no revelado, lo que hace que sea fácil pasarlos por alto. En la misma línea, es difícil pasar por alto un titular que muestra cómo hacer 1000€ en menos de dos minutos (este titular nos lleva rápidamente a la idea, dando más detalles y convirtiéndola en una técnica única).

A partir de ahora, empiece a atraer la atención de los clientes hacia sus titulares, dejando las promesas borrosas que todos intentan. Haga que sus titulares estén llenos de cifras y hechos.

Haga su elección de palabras: elija oraciones ganadoras (positivas) en lugar de perdedoras (negativas). Los titulares siempre deben ser positivos y estimulantes. Deje que su título sea alegre, positivo y lleno de inspiración para que los visitantes quieran seguir leyendo hasta el final de cada línea.

Estarán emocionados y ansiosos por seguir leyendo. Preste atención a los verbos, pensando meticulosamente cómo sus palabras harán el encabezado. ¿Cómo se describen sus acciones actualmente? De otra manera, ¿alguien puede representar la misma acción? ¿Qué palabras son atractivas para usar?

Por ejemplo, podría describir su acción de no ir al supermercado y decidir quedarse en casa. Esto se puede hacer de dos maneras: "no salir a la tienda hoy" o "quedarse en casa para ver el partido".

La última frase "quedarse en casa para ver el partido" es más positiva y un título mejor, ya que implica un acto positivo (permanecer) y un resultado positivo (para ver el partido). Por otro lado, "no ir a la tienda de comestibles" implica un acto negativo (no ir) con un resultado negativo.

Si el titular es aburrido y negativo, no le interesará al lector así que asegúrese de retenerlos a su lado.

¡Más tiempo es mejor! Evite retener la primera oración crítica, resalte los puntos clave y use un subtítulo cuando sea necesario. Estas son las cuatro preguntas principales que su titular debe responder.

Recuerde, nos han enseñado a ser dulces y breves en la mayoría de los escritos. Esto también podría significar decir pocas palabras en la medida de lo posible. Esto se aplica a los titulares. Esta es solo una oración que debe contar.

El lector ya sabe qué beneficio, cuándo y con qué rapidez pueden comenzar a beneficiarse de su producto o servicio. De todos los detalles que pueda.

¿Cuál es su producto? (una técnica, un e-book, etc.)

¿Cómo se usa? (sin esfuerzo, directamente desde el navegador)

¿Es necesario algún requisito para usarlo? (requiere menos de dos minutos de su tiempo)

¿Qué beneficio obtendré al usarlo? (duplica su memoria, aumenta sus ganancias).

Dele sabor a sus titulares con mayúsculas, subrayados, cursiva y negrita para hacer que la idea principal se imprima en sus lectores.

Cuando tenga demasiados detalles importantes para compartir, considere usar un subtítulo. Aunque el título haya captado todo el punto, su subtítulo sirve para agregar más información para sellar el trato. Evite juntarlo para que no confunda a algunos lectores.

Si su título no puede captar la atención del lector, no puede generar ventas. El titular hace o rompe ventas. Repase su titular si cree que no está haciendo bien su trabajo.

CAPÍTULO SIETE. CONOCER LA LONGITUD CORRECTA DE UN TEXTO DE VENTAS

Esta es una pregunta que siempre surge, la que se refiere a la longitud de un texto de ventas. Dependerá de lo que venda. Realmente no hay una respuesta única para esto.

Por ejemplo, si está vendiendo un libro corto de 20 páginas, su texto de ventas será más breve que si está tratando de vender un coche deportivo. Entonces, la mejor respuesta es que su texto debe ser el del tamaño necesario para que el comprador presione el botón Comprar.

Por esta razón, a menudo le decimos a la gente que no se preocupe por la longitud de su texto de ventas. En su lugar, vea cuánto tiempo dedicará a escribirlo, que puntos le gustaría incluir y que elementos.

Un esquema básico a seguir sería:

Título: que hace una pregunta o se enfoca en un problema específico.

Introducción: esta será una parte más larga donde podrá contar una historia sobre cómo superó ese problema. Aquí es donde se dirige a su lector y comienza a enfocarse en su problema particular.

Comience a insinuar una solución.

Agregue viñetas sobre las características del producto.

Presente su solución y dígales por qué es la elección perfecta para ellos.

Agregue cualquier testimonio o crítica si está disponible, esto les da pruebas de que el producto funciona.

Ahora introduzca la oferta: aquí es donde agrega el precio y las declaraciones que dicen algo así como; oferta por tiempo limitado, precio de lanzamiento, etc.

Cierre su texto en la próxima sección y describa los principales beneficios una vez más.

Agregue una postdata: esta sección es donde dice algo en el sentido de; aún no ha ordenado, ¿por qué no? Refuerce que el producto tiene una estructura de precios limitada. Esto crea un sentido de urgencia y atrae al lector a tomar medidas rápidas.

Una vez que haya pasado por las etapas anteriores, debe tener todos los detalles que necesita para su página de ventas. Todo lo que es necesario es regresar y leer su texto. Asegúrese de que su texto siga y se lea como debe.

A medida que lea, debería comenzar a crear una sensación de "tengo que comprar esto ahora" en su lector. No olvide agregar imágenes de sus productos si es posible, ya que esto los ayuda a identificarse con ellos. Este esquema le brinda los conceptos básicos sobre qué agregar en su texto de ventas y determinará la duración final.

Énfasis en lo importante de sus oraciones

Esto es algo que todos los buenos redactores hacen de forma regular. Se enfocan en crear oraciones cortas que hacen una declaración. Si está acostumbrado a escribir ficción, puede estar acostumbrado a agregar más relleno a cada oración. Agregar descripciones para evocar imágenes de los personajes o escenarios, por ejemplo.

Un buen texto debe ser breve y agradable. Estas cinco cuestiones son lo que un buen texto de venta debe tener: Quién, Dónde, Qué, Cuándo y Por qué. A partir de estas, agregue hechos. Cuando se añadan estos, será más específico en los detalles que refuerzan y pasan ideas a sus lectores.

Debería comenzar a estudiar recopilando muestras de páginas de ventas si es nuevo en la redacción de textos publicitarios, especialmente si desea utilizar viñetas, encabezados, oraciones y subtítulos. Recuerde, los ordenadores y los dispositivos móviles se usarán para leer su texto de ventas y debe adaptarse a ellos.

Asegúrese de agregar textos que sean fáciles de leer, ya que algunos dispositivos tienen pantallas más pequeñas molestas si hay que leer mucho texto. La mayoría de los lectores se cansan y dejan de leer un párrafo de texto grande e interminable. Mantenerlo corto, aunque suponga borrar oraciones.

El propósito de escribir el texto es ponerse en contacto y provocar las emociones de los lectores a la acción. Una forma de hacerlo es investigar sobre su problema y sacarlo a la superficie. Lo que sea a lo que tengan miedo;

miedo a perder su trabajo, preocupación por las finanzas o por la salud, asegúrese de hacer que su texto aborde estos problemas en particular.

Muestre sus soluciones después de abordar estos temores y esto le dará a su lector la esperanza de una posible solución al problema actual. Asegúrese de que le comprarán la solución. Esto requiere su habilidad de redacción.

Recuerde siempre escribir oraciones cortas. Practique oraciones cortas y concisas. Además de esto, practique escribiendo pequeños titulares y subtítulos.

CAPÍTULO 8. LOS FUNDAMENTOS DE LA REDACCIÓN PERFECTA

Escribir buenos textos es una habilidad que mucha gente debería aprender, independientemente de si realmente quiere ser redactor o no. Si envía muchos correos electrónicos, estas mismas habilidades y tácticas también se aplican a usted.

La siguiente lista es una descripción rápida de lo que se necesita para escribir un buen texto comercial.

Comprender a su público objetivo: es mucho más fácil escribirle a alguien cuando tiene un poco de conocimiento sobre él. Debe tratar de obtener una imagen mental o escrita de quién es su público objetivo. Cuál es su edad, dónde viven y sus ingresos medios, además de sus gustos y aversiones.

Siempre querrá saber las respuestas a estas dos preguntas:

¿Por qué debería su cliente comprar este producto?

¿Qué hay para ellos en él?

Intente encontrar la forma de que su texto de ventas se destaque entre los demás: busque páginas de venta similares y busque un ángulo o gancho que sea diferente. Tenga un propósito específico para su texto de ventas si desea que los clientes compren. Pero piense en ayudar a resolver problemas ofreciendo soluciones. Tómese tiempo para escribir un buen titular. Si su título es débil, es probable que el cliente no lea todo el contenido de su página.

Si está escribiendo correos electrónicos, esta sección pertenece a su asunto. Dele a su lector una buena razón para abrir su correo electrónico.

Use titulares y subtítulos: estos ayudan a dividir primero su texto, pero también ayudan a resaltar los beneficios del producto. Evite usar relleno o palabras confusas. No use palabras tales como, tal vez, esperanza, deseo, intento, podría o tal vez.

En cambio, debe crear oraciones concisas que contengan palabras como voluntad y poder. Siempre escriba su texto en tiempo presente. En lugar de decir "fue recibido", use la palabra "recibido". Usar el tiempo presente realmente ayuda a agregar fuerza a todo su texto de ventas.

Use testimonios o citas de clientes: esto realmente ayuda a agregar pruebas a su texto y, si es posible, intente incluir una foto de la persona. Si puede hacer que estas personas parezcan reales para sus clientes potenciales, mejor se convertirá su texto. También ayuda agregar dónde vive la persona por ciudad o estado. No olvide que siempre debe obtener primero el permiso de sus clientes antes de agregar sus testimonios.

Una vez que termine su texto, léalo en voz alta. Puede hacer esto usted mismo o hacer que otra persona lo lea por usted. Cuando lea su texto si tropieza con una sección, vuelva y edítela. Si alguien más lo lee, vea si se ven tentados a comprar, de lo contrario, ¡modifíquelo!

CONCLUSIÓN

Si bien uno de los objetivos principales de cualquier buen texto de ventas es obtener ventas, un redactor también debe tener otros objetivos en mente.

Un buen redactor entenderá que necesita para construir un sentido de confianza en un lector.

Además de esto, el lector debe ver el producto y la empresa como una figura de autoridad. Una vez que se puedan identificar con él, es más probable que tomen la acción final, que es presionar ese botón Comprar ahora. Si bien el texto de ventas se ve como un anuncio escrito, realmente es más que eso.

Una gran página de ventas atraerá al lector y les hará sentir que este producto solucionará sus problemas. Es por eso que es importante destacar los problemas y soluciones al comienzo de su texto de ventas. Inmediatamente conecta con la gente; después de todo están buscando una solución.

La buena redacción debe ser clara y concisa. Debe escribir su texto de ventas y luego volver atrás, editarlo y limpiarlo. Mire detenidamente cada sección y saque palabras y signos de puntuación que no sean necesarios. No debe agregar pelusa o relleno en su texto de ventas.

Debe evitar cometer faltas de ortografía o el uso de jergas incorrectas. Evite cosas como porfi en lugar de por favor.

Cuando se trata de escribir su texto de ventas, debe captar al lector. Ponerse en la piel de un comprador potencial. Investigue el producto y descubra qué problemas y temores tiene su cliente. ¿Qué edad y género son su público objetivo? Una vez que sepa a quién está escribiendo, será mucho más fácil escribir para ellos.

Otro objetivo debe ser tener textos que sean fáciles de entender y estén libres de otra publicidad que puedan llevar a confusión.

Debe crear textos de venta que hagan que su lector sienta que está hablando directamente con ellos. Que este producto es justo lo que necesitan para solucionar sus problemas.

Como dice Einstein, "si no puede explicarlo es que no lo entiende lo suficiente".

Estas son excelentes palabras de consejo que todo redactor debe prestar atención.

www.ingramcontent.com/pod-product-compliance
Lightning Source LLC
Chambersburg PA
CBHW031541210526
45464CB00003B/1093